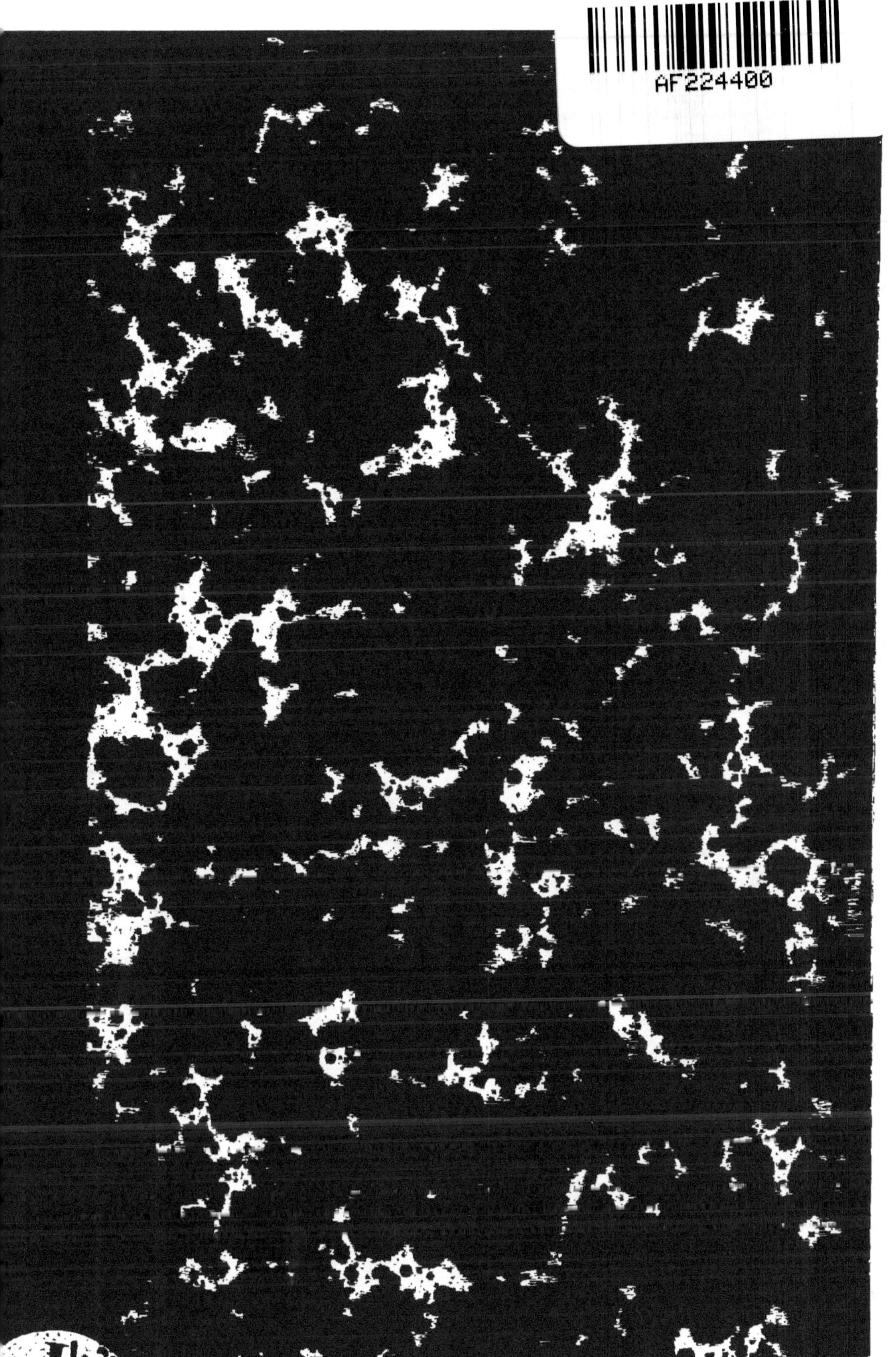

Lb. 95.

PREMIER MÉMOIRE

PRÉSENTÉ

AU MINISTRE DE LA JUSTICE,

SUR

LA SITUATION DU DÉPARTEMENT

DE L'ESCAUT,

Relativement à l'exécution d'un Jugement surpris à la religion du Tribunal civil de la Somme, le 19 messidor de l'an 7.

An 8.

INTRODUCTION.

J'ai cru faire une chose utile en rendant ce mémoire public par la voie de l'impression ; c'est la meilleure preuve que je ne crains pas d'être en rien désavoué par mes concitoyens.

J'ai soigneusement évité de confondre l'autorité avec ceux qui la trompent ; et s'il se trouve dans cet écrit quelques expressions qui semblent dénoter un peu d'aigreur, c'est qu'avec les meilleures intentions du monde, on ne sait pas toujours modérer le langage qu'on est obligé de tenir, lorsqu'on se plaint avec amertume ; mais il doit être permis de se plaindre, on peut même parler avec quelque aigreur, qu'il n'en est pas moins possible d'avoir raison.

P. DE CONTRERAS,

NÉGOCIANT A AUDENARDE,

DÉPARTEMENT DE L'ESCAUT,

AU MINISTRE DE LA JUSTICE.

CITOYEN MINISTRE,

Après une année entière de réclamations, faites même avec quelque succès sous l'ancien directoire, contre le jugement qu'avoit rendu le tribunal civil du département de la Somme, le 19 messidor an 7, et par lequel sont allouées des indemnités à plusieurs individus qui se sont prétendus lésés par suite du soulèvement de brumaire précédent, le préfet du département de l'Escaut s'est enfin déterminé à faire exécuter par la force militaire, ledit jugement.

En vain des jurisconsultes, aussi éclairés que courageux, ont-ils, dans plusieurs mémoires, essayé d'éclairer la religion du gouvernement, en démontrant combien ce jugement péchoit et par le fond et par les formes ;

en vain ont-ils appelé son attention sur un objet aussi intéressant , leurs cris, ou n'ont pas
été entendus des autorités suprêmes , ou ont
été traités de séditieux par les autorités subalternes.

Ce jugement, rendu sous des auspices malheureux , et vers cette même époque ou na-
quirent tant de lois reconnues désastreuses,
(celle sur *l'emprunt forcé* , celle sur *les
ôtages* , etc.) ce jugement, qui en même tems
qu'il accorde des indemnités méritées, consacre
aussi les prétentions les plus exagérées de ces
êtres de boue, qui savent profiter d'un malheur
public , comme les corbeaux du carnage ; ce
jugement rendu sans que les infortunés qu'il
condamne aient été entendus , et sur des actes
rédigés par ceux-là même qui accusoient ; ce
jugement qui suppose qu'il existoit parmi nous
une garde nationale sédentaire , et que les
Belges , désarmés naguères sous peine de mort,
avoient été réarmés ; ce jugement, enfin, qui
même en des temps de calme et de prospérité,
auroit été une calamité publique, frappe en ce
moment , non ceux qu'on désigne sous le nom
de brigands, mais les meilleurs citoyens , mais
ceux-là même qui se sont opposés ou de
fait ou d'intention , aux progrès de l'insurrec-

tion ; mais ceux-là que l'estime et la confiance environnent , et qui ne répandent jamais une larme , sans faire passer leur douleur dans l'ame de la bonne et paisible généralité de leurs concitoyens.

Il restoit un moyen de réparer ce que le jugement du tribunal de la Somme avoit d'inique ; c'étoit d'autoriser les agens des communes condamnées, à en interjeter appel; tels avoient été les principes qu'avoit suivi l'administration centrale du département limitrophe de la Dyle ; tels étoient ceux du citoyen Vanwambeke, commissaire du gouvernement près le département de l'Escaut ; mais l'administration centrale de ce département, intéressée à ce qu'un voile officieux couvrît les parties honteuses de sa gestion , n'admit pas les mêmes principes.

N'étant rien moins que jurisconsulte , je n'essayerai pas de fonder sur les principes de droit, la légitimité de cet appel, puisqu'on soutient que ce texte de la loi du 10 vendémiaire an 4 , n'en parle pas ; mais l'éternelle justice, qui doit être l'esprit et l'ame de toute loi , ne semble-t-elle pas implicitement l'autoriser, et puisque l'on convient si généralement que le jugement du tribunal civil de la Somme contient une foule de dispositions injustes , l'au-

torité publique n'eût-elle pas dû saisir **avec em**-
pressement un moyen aussi efficace pour faire
rendre à tant de milliers de citoyens, condam-
nés sans avoir été appelés ni entendus, la justice qu'ils réclament ?

D'où a donc pu naître cette espèce de fana-
tisme qu'a mis dans ce département une partie des autorités constituées à soutenir que cet
appel étoit une chose inique , subversive de
tous principes ? Pourquoi a-t-on traité de
chouans , d'*intriguans* , de *conspirateurs* ,
ceux qui **ont** soutenu que cet appel étoit de
droit ? — Si l'on convient que tous les points
fondamentaux de la loi du 10 vendémiaire an
4 , ont été ou négligés ou transgressés ; sont-ils
mauvais citoyens, ceux-là qui en font l'observation, et feint-on d'ignorer que leur observation s'étaye de plusieurs argumens péremp-
toires , de plusieurs décisions ministérielles ?

Faut-il dire avec franchise pourquoi les communes du département de l'Escaut ont demandé avec tant d'ardeur la faculté de l'appel , et
qu'elles ont trouvé pour appui tous les fonctionnaires publics , auxquels des sentimens gé-
néreux et libéraux ne sont pas étrangers ? —
C'est que les bons citoyens frémissent d'indignation de voir que ces troubles de Brumaire

an 7 , dont les terribles résultats eussent dû servir d'un exemple effrayant , n'ont servi, en dernière analyse, qu'à enrichir quelques vampires qui ont spéculé sur ces désastres , pour s'en faire des élémens de fortune et de pouvoir.

Ce fut par son arrêté du 5 messidor dernier , que le préfet ordonna le recouvrement des sommes allouées pour indemnités ; les réclamations furent universelles ; on ignore si la faculté d'appeler auroit été accordée , si un incident très-facile à prévoir pour quiconque croit à la vertu , au patriotisme, et au courage , n'eût ébranlé les principes que l'autorité paroissoit professer avec tant de ténacité.

Le conseil général du département , composé d'hommes probes , incorruptibles , et qui désespéreroient de sauver la république, si on ne saisissoit tous les moyens de la faire , non craindre , mais chérir ; ce conseil assemblé s'avisa aussi de croire que du prétendu jugement du tribunal de la Somme pouvoit écheoir appel , et que ce n'étoit pas un délit politique d'en faire l'observation.

On ne sait jusqu'à quel point le vœu du conseil général a influé sur la détermination du préfet ; mais le conseil n'a pu que s'applaudir de l'efficacité de sa démarche, puisque le préfet a fini par prendre des mesures propres à autoriser les maires à interjeter l'appel tant désiré, si long-temps demandé, et qu'il eût été plus juste d'accorder il y a six mois.

Mais si par plusieurs communes appel va être interjeté du susdit jugement, le préfet n'a pas moins commencé à faire exécuter, par la force militaire, les dispositions de ce jugement, et des brigades de gendarmerie parcourent les malheureuses communes qui, terrorifiées par ces mesures acerbes, font en vain retentir l'air de leurs cris. Le *flamand* est une langue qu'un trop grand nombre de fonctionnaires publics dans le département de l'Escaut n'entendent pas ; si pour rédiger des réclamations en français, elles s'adressent à des hommes de loi, bientôt ceux-ci sont traités de colporteurs de pétitions mal-sonnantes, et respirant l'amour de la domination autrichienne ; les pauvres villageois sont censés ne pas avoir su ce qu'ils ont signé : il est clair en effet que lorsque plusieurs maires témoignent spontanément le dégoût qu'ils éprouvent à être en quelque sorte les bourreaux de leurs concitoyens, cette idée ne peut leur avoir été suggérée que par quelque avocat qui ne demanderoit pas mieux que le retour des troubles.

Il seroit pénible de devoir réfuter des raisonnemens aussi niaisement pervers : mais telle paroit toujours avoir été jusqu'à ce jour la logique d'une partie des autorités administratives dans le département de l'Escaut , qu'au moyen de quelques phrases menaçantes ou calomnieuses , on croit avoir détruit les meilleures raisons et pouvoir aller en avant.

Certes, le préfet, par lui-même, étranger à ce département , et employé ailleurs , lorsque des troubles ont désolé notre patrie, n'a que des notions d'emprunt sur tout ce qui s'est passé chez nous.

Il lui est donc permis d'ignorer que ces troubles n'ont eu pour premières causes que le mauvais système d'administration qui a pesé sur nous ; qu'ils ne doivent leur origine qu'à des vexations ; que de malheureux villageois , torturés de mille manières , ne se sont laissés égarer par quelques hommes pervers , que parce qu'ils sentoient combien ils souffroient ; que le meilleur moyen de prévenir de pareils soulèvemens, c'est une administration sage, modérée, tolérante ; ce sont des arrêtés basés sur l'équité , des discours respirant un sage républicanisme ; l'éloignement de tous les mauvais sujets qui., par leur immoralité , leurs vols, leurs rapines, ont fait à la liberté plus d'enne-mis , et des ennemis plus dangereux que n'é-toient les armées coalisées.

Ce langage a été parlé dans un mémoire qui fut adressé au délégué des consuls, le citoyen Crochon ; on l'a simplement traité de sobriquet de *mémoire des brigands* ; un *mémoire des brigands* ne devoit être ni lu ni écouté : il ne fut ni l'un ni l'autre. Il le sera par les ministres d'un gouvernement qui veut saisir tous les moyens de faire aimer la république, et de ré-parer le mal que lui ont fait tant d'agens infi-dèles. *Voyez la note* 1.

Je joins ici ce mémoire où toutes les raisons qui prouvent combien peu est applicable aux départemens réunis la loi du 10 vendémiaire an 4, sont lumineusement discutées.

J'ai dit que le préfet Faipoult avoit com-mencé à faire rentrer l'énorme somme à la-quelle le tribunal d'Amiens a condamné les communes les moins fortunées du département de l'Escaut ; il prétend qu'il ne peut suspendre l'exécution du jugement qui les condamne ; mais enfin si l'appel va avoir lieu ; si, comme l'espèrent mes concitoyens , ce jugement sera cassé, et qu'une répartition équitable et basée sur d'autres principes s'ensuit, n'est-il pas aussi conforme aux principes que ceux en faveur desquels toutes ces sommes rentrent, donnent caution ? Où est-elle cette caution ? Devant quel tribunal les parties l'ont-elles débattue, admise ? Le préfet seul est-il compétent pour l'admettre ?...

Quel sera d'ailleurs celui qui donnera caution d'une somme scandaleusement énorme que le tribunal d'Amiens appelle *frais généraux*, et dont personne ne peut exactement connoître la destination ?

Il faut le dire ici avec franchise ; palper la somme, se la procurer par tous les moyens, est le grand but de ceux qui, depuis plus d'un an, ont escrimé contre l'autorisation de l'appel ; ils s'embarrassent bien peu si l'appel sera accordé plus tard, parce qu'ils savent parfaitement bien, et d'après la constante expérience de plusieurs faits analogues (expérience bien affligeante pour les bons citoyens), qu'une fois l'argent donné et reçu, les choses en resteront là.

Ne doit-il pas paroître surprenant que le préfet, après avoir suspendu pendant aussi long-temps, l'exécution dudit jugement, lorsqu'il paroissoit adopter en principe que

les communes n'avoient pas le droit d'appel, ait jugé à propos de ne plus suspendre
cette exécution, du moment que, rendu à
une manière de voir plus favorable à nos concitoyens, il leur promet la faculté de l'appel !

Et dans quel moment cette exécution se
fait-elle ? Dans un moment où les habitans des communes rurales de l'Escaut ,
écrasés sous la masse des contributions
et des impôts , la plupart mal répartis,
trouvent à peine le moyen d'avancer de petites
sommes à compte, souffrent, se plaignent,
n'obtiennent justice de rien. Et qu'on n'objecte
pas que cette exécution n'est qu'un emprunt
forcé sur les coffres des vingt plus forts con-
tribuables de chaque commune : une expérience
cruelle a appris qu'appauvrir les plus fortunés,
c'est encore frapper la classe malheureuse qui
ne vit que de secours et de salaires.

Dans quel moment encore ? ... A dieu ne
plaise que semant des alarmes exagérées , je
trempe la plume dans la calomnie et le fiel ,
pour peindre mes concitoyens comme un
peuple naturellement séditieux et rebelle ! —
Certainement non ; mais il doit être permis de
dire qu'il existe , parmi la classe moins éclai-
rée , nombre d'individus, citoyens soumis et

paisibles, lorsqu'on les traite avec douceur, mais que les ennemis de l'ordre et de la tranquillité tentent quelquefois d'égarer, lorsque par des mesures ou violentes ou intempestives on a exaspéré les esprits : c'est surtout au moment où une flotte ennemie menace les côtes maritimes de l'ancienne Flandre, qu'une administration sagement patriote s'empresseroit d'écarter tous les moyens qui tendroient à ralumer des passions mal éteintes ; on tâcheroit sur-tout de ne pas arracher par la force des bayonnettes et par des exécutions militaires, ce qu'il n'est jamais impossible d'obtenir par la douceur et la persuasion, moyens, hélas! qu'on dédaigne trop souvent de mettre en usage.

Pour faire sentir combien de larmes raisonnées va couter l'exécution du jugement du tribunal de la Somme, il faudroit spécifier combien d'injustices ce jugement consacre.

Il faudroit détailler quelle infâme partialité a dicté les pièces sur lesquelles le tribunal a jugé. Ici, c'est la faveur, également coupable dans les circonstances, qui rend un compte favorable de telle commune dont certains habitans n'ont peut-être pas tenu une conduite exempte de reproches ; mais ces habitans étoient parens ou amis de quelque commissaire du directoire exécutif, ou avoient su acheter son silence. A quelque distance de là, se trouve telle autre commune, dont l'agent municipal, aidé des meilleurs citoyens, a su repousser les brigands ; elle s'attendoit à une couronne civique, et ne s'en trouve pas moins condamnée à une forte somme (*a*).

Et quel est l'homme de bien, quel est l'ami de son pays qui, frémissant d'une juste indignation, lorsqu'il voit que des iniquités aussi révoltantes s'exécutent, ne maudiroit les auteurs des pièces prétendues probantes, sur le vu desquelles le jugement a été surpris à la religion du tribunal de la Somme !

Dans cet état des choses, que reste-t-il à faire à un gouvernement dont les actes respirent la sagesse et la modération ? ce qu'il a déjà fait en cent circonstances pareilles ; il prendra des mesures que dicte la justice, qu'avoue

---

(*a*) Je citerai là commune de Pétégem, près Audenarde, et je joindrai ici les deux pièces qui mettront le gouvernement à portée de se convaincre de la manière scandaleuse dont les pièces probantes ont été rédigées. (*Elles sont jointes à l'original.*)

l'esprit

l'esprit des lois, que ne réprouvent pas les principes.

On s'est si souvent obstiné à répéter que les ennemis de la république avoient voulu faire des départemens de la Belgique une nouvelle Vendée ! J'admettrai un moment la vérité de cette assertion ; mais ce sera pour demander pourquoi les départemens de l'Ouest, dont on a traité les habitans d'enfans égarés, ayant obtenu deux ou trois amnisties les plus illimitées, les troubles qui en brumaire an 7, ont désolé la partie la plus intéressante de la ci-devant Belgique, n'ont encore pu obtenir un mot de clémence et de grace ? Croit-on que le très-grand nombre de ceux qui ont pris une part active dans ce soulèvement n'étoient pas égarés ? et puisque réellement il y a eu des coupables, pourquoi n'obtiendroient-ils pas pour quelques jours d'erreur, ce que les chefs Vendéens ont obtenu après six ans de révolte ouverte, et après le massacre d'un demi-million de Français ?

On répondra que les troubles de la Vendée se grossissant dans un moment, critique pour le salut de la république, il convenoit politiquement de parler au sein des départemens insurgés, un langage de paix et de tolérance ; et moi , j'ose le dire , ce langage étoit dans le cœur comme dans les principes du nouveau gouvernement , et j'ajoute que déjà depuis long-tems le même esprit auroit dicté les mesures administratives dans le département de l'Escaut , si d'incorrigibles calomniateurs avoient cessé de nourrir de soupçons et de défiances et le gouvernement et le préfet ; et si plusieurs d'entre ceux qui , par leur perverse et imprudente conduite , ont été la cause de tout le mal , n'avoient été récompensés par des distinctions flatteuses sur les lieux mêmes qui auroient dû les voir ou punir , ou oublier.

Au reste il n'est pas inutile d'observer que ce mauvais génie ne semble spécialement planer que sur le département de l'Escaut , lorsqu'on compare ce qui s'y passe avec la manière dont l'objet des indemnités a été traité dans le département de la Dyle , où un excellent esprit et d'autres principes ont dicté les moyens conciliatoires employés par des fonctionnaires publics qui, parce qu'il sont aimés et estimés , peuvent tout sur l'esprit de leurs compatriotes.

Mais je sens qu'il est temps de terminer ce mémoire , où le besoin de m'épancher m'a sou-

vent écarté de mon sujet , et de prendre des
conclusions. Eh ! citoyen ministre , *un simple
sursis pour le moment* ; voilà tout ce qu'on
demande ; voilà ce que vous demandent trois
cent mille citoyens, que frappe un jugement
surpris à la religion d'un tribunal étranger au
departement de l'Escaut !

Je dis *pour le moment* ; car certainement si,
dans sa justice et dans sa sagesse , le gouvernement veut puiser d'autres moyens de terminer
cette malheureuse affaire , il le pourra ; mais ,
en attendant , si le jugement s'exécute , plusieurs communes seront frappées ; plusieurs
habitans , parmi lesquels les plus sincères amis
de la république , ruinés. . .

Ne croyez pas, citoyen ministre , que l'on
conteste aux individus qui ont essuyé des
pertes, le droit d'être indemnisés d'une manière
ou d'autre ; lorsque le jugement sera cassé, ce
sera au gouvernement à l'indiquer, ce mode
d'indemnisation ; et alors, basé sur les principes immuables de l'équité, il recevra , n'en
doutez pas, son exécution : déjà plusieurs communes ont offert de grands sacrifices , pourvu que ces sacrifices tournassent à n'in-
demniser que ceux qui avoient réellement

souffert, et non à récompenser ni à enrichir ceux qui n'avoient perdu rien ou peu de chose ; c'est là le scandale public que voudroient prévenir les communes ; et en cela, elles servent l'honneur du gouvernement qui , disent-elles , devroit empêcher les choses injustes.

Du reste, j'ignore si je me sers d'un terme propre , *en demandant un sursis*; je ne sais demander que la chose qui me paroît la plus apte à prévenir une injustice. Il s'agit d'atteindre ce but , et le nom de la chose n'y fait rien, pourvu que l'effet de la détermination que prendra le gouvernement soit le même.

Plein de confiance dans le gouvernement, j'ai osé espérer quelque succès de ce mémoire, dans lequel je n'ai su être concis, ni m'exprimer avec élégance ; mais j'ai été vrai : je vous le présente , citoyen ministre , en vous priant de faire examiner les faits. Je connois peu la hiérarchie des autorités ; j'ignore donc si ce n'est pas au Conseil d'Etat qu'il eût fallu m'adresser ; mais si cela étoit , telle est la certitude que j'ai de votre amour pour le bien , que je crois fermement que vous ne me refuserez pas de me tracer vous-même la marche que mes concitoyens ont à tenir dans une affaire qui intéresse essentiellement la tranquillité publique et leur bonheur.

Frappé d'une injustice qui se commettoit sous mes yeux , je n'ai pas balancé un moment de me charger des réclamations des communes qui environnent celle où est mon domicile , et nommément de celles de Peteghem , Mooreghem , Volkegem , Eenaeme , Bas-Eenaeme Oycke , Elseghem , Eyne et Worthegem , qui toutes , avec plusieurs autres, sont indignement frappées par le jugement qu'on exécute en ce moment.

Je sais qu'il est quelquefois d'usage de renvoyer à l'avis des préfets plusieurs pétitions faites aux ministres , et par fois dirigées contre quelques parties de l'administration de ces mêmes préfets. Sans prétendre blâmer ni approuver cet usage , je vous dirai cependant qu'en vous écrivant, je ne l'ai pas perdu de vue ; et si ma lettre doit venir sous les yeux du cit. Faypoult, je désire qu'il y voie, non pas les raisonnemens d'un factieux , ni d'un ami des troubles (*note* 2), mais les réclamations d'un courageux citoyen, qui ose ne pas louer tout ce qui lui paroît porter l'empreinte de l'arbitraïre, et qui voit avec peine retarder le jour où, dans le département de l'Escaut comme ailleurs, tous les citoyens indistinctement, sans nuances d'opinions et de partis, ne formeront qu'un concert pour bénir un gouvernement sage et équitable.

Par ce même jugement, dont je demande le sursis, mon père et mon frère (le premier receveur-général de l'arrondissement de Grammont,) ont obtenu des indemnités pour avoir souffert dans leurs propriétés particulières en même temps qu'ils surent avoir le courage et l'adresse de sauver la caisse de la république, qui contenoit quarante-six mille francs; moi-même, qui vous parle, ai exposé ma vie pour défendre la commune d'Audenarde.... Pardon, citoyen ministre, si je cite deux faits qui me regardent plus particulièrement : j'ai voulu prouver par-là que mon dévouement a toujours été de nature à mériter quelque confiance de la part du gouvernement, et que je ne fais rien moins que servir des intérêts personnels.

Je vous salue respectueusement.

Signé P. DE CONTRERAS.

NOTES.

(*Note* 1.) Le mémoire que nous rappelons, et qui a été rendu public, a mérité aux signataires, de la part de ceux qui administroient, au moment où il parut, un débordement d'injures, auxquelles ils ont eu le bon esprit de n'opposer que le sourire de la pitié. Ils demandoient la faculté de l'appel ; et si enfin, après une lutte opiniàtre de six mois, cette faculté vient d'être accordée, ils ne peuvent que s'applaudir de leurs courageux efforts.

Tous ceux qui se font une étude de remonter aux premières causes des événemeus, puiseront dans cet écrit les renseignemens sur les véritables motifs du soulèvement des campagnards belges contre une partie des autorités constituées, et l'histoire même peut être ne dédaignera pas d'y puiser quelques pages.

J'ignore si le délégué Crochon, circonvenu, et tenu pour ainsi dire en chartre privée, pendant tout le temps qu'il est resté à Gand, par ceux qui avoient intérêt à ce que la vérité ne parvînt pas jusqu'au gouvernement ; j'ignore, dis je, si ce représentant a cru pouvoir faire quelque usage dudit mémoire : mais s'il est des calomniateurs sur la terre, ce sont ceux qui disent que les signataires y plaident la cause des brigands.

B 4

Citons quelques traits qui mettent le lecteur à portée de juger dans quel esprit cet écrit est rédigé, et si par-tout un attachement sagement raisonné aux principes républicains et au gouvernement, ne s'y trouve pas réuni au vœu également prononcé de faire chérir ces mêmes principes et le gouvernement.

Ces passages expliqueront en même temps les véritables motifs de la défaveur dont on a voulu charger ce mémoire : on ne perdra pas de vue qu'il est daté du 23 frimaire.

Voici d'abord l'introduction :

» Ce mémoire eût dû paroître, il y a trois » mois : des circonstances majeures, et qu'il se- » roit superflu de détailler, en ont empêché la » publication.

» Aujourd'hui ces motifs ont en partie cessé. » Sous un gouvernement qui, très jeune encore, » a déjà pris son à plomb, on peut sans danger » énoncer des vérités qu'il eût peut être été dan- » gereux d'articuler il y a trois mois

» Peut-être même ne nous serions-nous pas » encore déterminés à publier ce mémoire, si cer- » taine autorité, ou plutôt ceux qui la dirigent, » avoient bien à la fin voulu se fatiguer de nous » dire des injures, et de traiter d'*intrigans*, de » *chouans*, de *conspirateurs*, tout ceux qui parta- » gent avec les jurisconsultes les plus éclairés, » l'opinion qu'il est plus que douteux si la loi du

» 10 vendémiaire an 4 , est applicable dans un
» pays désarmé.

» Soutenir ce doute en faveur de l'immense ma-
» jorité de ses concitoyens , paroît du moins être
» l'opinion qu'avoue l'équité , et par conséquent
» le vrai patriotisme. »

Et plus bas : « Le préfet aussi nous saura quelque
» gré des renseignemens qu'il y puisera. Nous ne
» nous flattons pas de le convaincre de suite sur la
» méchanceté et l'ineptie d'une poignée d'hommes
» qui nous ont tyrannisés depuis si long temps ;
» mais nous croirons avoir rempli notre tâche ,
» dès que nous aurons pu inspirer à ce premier
» magistrat le désir d'examiner de près la gestion
» et les allures de ceux que nous signalons. »

Voici quelques tirades prises dans le corps du
mémoire :

« L'esprit pervers qui dirigeoit l'Administration centrale profita de l'indulgence du directoire
exécutif circonvenu , pour appésantir encore le
joug de son insupportable tyrannie ; dans ses pro-
clamations , dans ses relations avec les fonctionnaires subalternes , elle cessa de parler ce langage
de la persuasion , qui peut tout sur les Belges ; à
l'en croire , le nombre des amis de la république
diminuoit tous les jours parmi ceux qui jusqu'a-
lors s'en étoient montrés les plus ardens soutiens.

» Ce génie du mal qui présidoit à l'administration supérieure , inspiroit aussi les commissaires

près plusieurs cantons, et bientôt accoutumées à se mettre au-dessus des lois et des formes, ces différentes autorités sembloient faire assaut d'actes arbitraires et d'injustices.

» Par leur conduite hautaine, leur morgue méprisante, leurs scandaleuses exactions, leurs violences de tout genre, ils se rendirent justement odieux à cette classe respectable de fonctionnaires, la plupart cultivateurs et propriétaires, et dont le désintéressement à servir la chose publique n'est pas assez vivement senti; nous parlons des administrateurs municipaux. Bientôt leur zèle dût s'attiédir; ils durent rougir de se voir accolés à des fonctionnaires aussi pervers, et trembler d'être compris dans les malédictions de leurs administrés.

« Dès-lors les bons citoyens prévirent qu'il ne falloit plus qu'une étincelle pour amener une explosion; elle arriva cette funeste explosion.

» Nous venons d'en indiquer les principales causes; la loi qui appeloit les conscrits à la défense de la patrie en fut le signal; mais faut-il s'en étonner?... l'exécution d'une loi si délicate avoit été confiée à des hommes qui n'ont pas su parler un langage analogue à nos mœurs, et qui l'ont outré par des formes acerbes, des traitement barbares.

» Ce n'est pas en traitant comme un vil bétail, une jeunesse libre et généreuse, qu'on lui inspire l'amour de la gloire.

„ Elle n'étoit pas conduite ainsi, cette jeunesse guerrière , lorsqu'à Maubeuge, à Jemappes, à Hondscote elle se précipita la première dans les rangs ennemis , et rivalisa de valeur avec les vétérans de la liberté......

„ L'insurrection naquit dans une commune rurale , et de-là se propagea dans les communes voisines, non pas comme on a affecté de le croire au même instant , ce qui auroit supposé un plan préexistant , mais avec autant de rapidité que le permettoit la voix du tocsin.

„ Aux séditieux de chaque commune se joignit de suite cette horde d'individus sans état , sans ressource , ennemis nés du travail et toujours prêts à saisir l'occasion de commettre des excès lucratifs à la faveur d'un mouvement, quelque criminel qu'il soit d'ailleurs.

„ Réunis par bandes , armés quelques-uns de fusils de chasse, les autres de bâtons et de fourches ; mais tous sans chefs , sans projet déterminé , sans moyens pécuniaires, sans signes de ralliement, ils se répandirent de commune en commune , et entraînèrent dans leur mouvement quelques paisibles et timides citoyens.

„ Des fonctionnaires publics furent maltraités, deux furent assassinés, il se commit d'autres excès, conséquences funestes de l'irrégulière impétuosité de ce coupable mouvement.

Si l'explosion et les progrès de ces troubles ont

donné lieu à des excès, à des crimes même , les mesures prises pour les comprimer n'ont pas peu ajouté à la dévastation de ce malheureux pays.....

" On assuroit vaguement que l'or de l'Angleterre circuloit dans les rangs des insurgés , qu'on y avoit vu briller la cocarde orange , des panaches autrichiens, et au moyen de quelques phrases bannales, et de quelques misérables impostures de cette force , on se croyoit dispensé de remonter à la véritable source du mécontentement.

" Une poignée de sable couvroit le sang répandu et on n'en parloit plus. 1).

" Ce n'est pas nous qui donnerons à la malveillance le plaisir de voir remuer dans les circonstances actuelles ce sable — Le jour peut-être n'est pas éloigné où nous aussi pourrons, sans craindre la moindre secousse réactionnaire, dire la vérité, toute la vérité ; mais aujourd'hui nous nous tairons encore ; et notre silence ne sera pas un sacrifice à des convenances particulières, c'en sera un à la tranquilité publique , à la paix......

La paix ! elle est le besoin de l'homme de bien, elle est le tourment du méchant. . . .

" Et c'est lorsqu'un gouvernement restaurateur s'efforce de r'ouvrir toutes les sources de la prospérité publique ; c'est lorsque la loi du 24 messidor sur les otages vient d'être rapportée

____

(1) Nous ne parlons ici que les victimes immolées aux haines particulières , après la cessation des troubles.

comme un instrument de proscription ; c'est lorsque l'emprunt progressif est rejeté comme une
autre arme de vengeance dans la main du méchant;
c'est lorsque chaque jour est consacré par des ac-
tions justes ; c'est lorsque des magistrats suprêmes,
qui connoissent le cœur humain, ne dédaignent
pas de parler de paix et de tolérance au sein même
de la Vendée ; c'est dans un moment où tous les
cœurs se r'ouvrent à l'espérance et sentent le besoin d'oublier le passé ; c'est dans un si beau moment, que l'on voudroit faire peser sur une par-
tie de ce département la plus révoltante iniquité ! . . . . . . »

« Dans l'hypothèse gratuite que la loi du 10
vendémiaire an 4 , pût atteindre les communes de
ces départemens , où des pillages, vols, et autres
excès ont été commis à l'occasion des troubles
dont nous venons de parler , la plupart des prétentions adjugées par le tribunal de la *Somme* , de-
vroient encore être rejetées comme résultant de
pertes simulées ou exagérées , et dénuées des ca-
ractères probatoires, indispensables à leur admis-
sibilité.

« Nous ne nommerons pas ici ces misérables ,
qui n'ont pas rougi de décupler , de centupler
leurs pertes , ni ceux qui plus déhontés encore,

n'ayant pas essuyé le moindre dommage, ont osé,
malgré la conscience d'un demi-million de témoins,
se créer des pertes imaginaires........

« Depuis quand vous, n'aguères, emblêmes
» vivans et ambulans de la misère, depuis quand
» osez-vous afficher les richesses des *Crassus*, des
» *Lucullus*? tous les jours vous vous plaigniez du
» paiement tardif et inexact des 25, des 5o francs
» de votre traitement mensuel; et tout d'un coup
» par l'effet d'une magie heureuse, votre modeste
» habitation se remplit de tout ce que le luxe a
» de plus recherché !

» Vous aviez des dettes; et on vous a pris plu-
» sieurs sacs remplis d'argent; vous aviez à peine
» de quoi couvrir votre nudité, et l'on vous a
» pris de l'or, des bijoux, des tableaux de *Rubbens*,
» des candelabres, des trépieds ! vous alliez à
» pied, et vos chevaux sont tués, vos voitures
» brisées; vous donniez l'exemple d'une frugalité,
» d'une sobriété pénible, et l'on a trouvé vos
» caves remplies de vins et de liqueurs et de
» bouteilles ! »

Voilà donc l'art d'exploiter les calamités pu-
bliqües.... Eh! qui nous garantira de leur périodique retour, si ceux dont le devoir est de les
prévenir, s'en font des élémens de fortune et de
pouvoir?

« Qui nous garantira que dans la perversité de leur ame dépravée, ils ne font pas déjà de nos justes réclamations l'objet éventuel de quelque nouvelle spéculation ?

« Mais il sera trompé cet espoir criminel. Un gouvernement juste et fort saura enchaîner toutes les haines, comprimer toutes les factions, et détruire jusques dans leurs racines, les causes qui pourraient réproduire ces événemens désastreux......

« Nous terminerons cet exposé, citoyen délégué, par quelques considérations d'un intérêt encore plus général.

« C'est que si dans la position affligeante où se trouve notre Patrie, déjà pressurée par une foule d'exactions et de concussions particulières; par la stagnation absolue du commerce de toiles, par l'inactivité forcée des fabriques, des manufactures ; en un mot, par le tarissement des principales sources de l'industrie dans un arrondissement naguère si florissant: si, disons-nous, dans cet état de choses, l'on voulait forcer la rentrée d'une somme aussi énorme, l'impossibilité absolue du recouvrement des contributions arriérées et courantes en serait la conséquence immédiate.....

« *Signé* J. VAN TOERS, C. MASSEZ,

J. BEYENS le jeune, *Fondés de pouvoirs.* »

Note 2. Je ne citerai pas les termes injurieux dont se servoit habituellement et à tort et à travers, l'ancienne administration centrale contre ceux qui croyoient avoir à se plaindre de quelques branches de sa gestion : mais on a lieu d'être surpris, lorsqu'on retrouve le même style, le même esprit dans quelques actes émanés du citoyen Faypoult ; tels sont dans son arrêté du 11 thermidor une demi-douzaine de *considérant*, dirigés contre les expressions d'une pétition, dont tout bon citoyen voudroit pouvoir se dire l'auteur, que tout bon citoyen voudroit avoir signé.

Voici dans cette pétition le passage qui paroît avoir donné de l'humeur à ceux qui se plaisent à calomnier les habitans du département de l'Escaut, à tromper le préfet et à lui suggérer de fausses mesures.

,, Si après toutes nos tentatives, nos justes ré-
,, clamations ne sont pas écoutées ; si le gouver-
,, nement ne fait pas rentrer les autorités et ceux
,, qui les entourent dans la ligne de leurs devoirs,
,, alors nous ne pouvons que gémir sur le sort
,, de notre patrie, regretter le bonheur dont
,, elle jouissoit jadis, et vouer à l'exécration pu-
,, blique les auteurs et les instrumens de notre
,, infortune. ,,

Certes cette tirade paroît au premier coup d'œil présenter quelque chose d'âcre dans les expressions : mais au moyen d'un peu d'attention, l'on s'aperçoit facilement de la ligne de démarcation

qui

qui se trouve tracée entre *le gouvernement* d'un côté , et de l'autre *les autorités* et *ceux qui les entourent* ; celles-là sont donc *les auteurs* , ceux-ci *les instrumens* ; car on sait très-bien que le Gouvernement , dont les intentions sout pures , ne peut voir que par les yeux des autorités locales , et que , trompé , il l'est toujours par elles.

Mais *regretter* hypothétiquement *le bonheur dont les Belges jouissoient jadis* , est-ce donc un délit d'une nature à mériter sérieusement les poursuites du ministère public ? La reconnoissance ne nous oblige-t-elle donc pas de prononcer quelquefois le nom de *Marie-Thérèse* , comme les Français prononcent ceux de *Louis XII* et de *Henri IV* ? En résulte-t il que nous provoquions le retour de *François II* ? Lorsque devant *Bonaparte* , devant le sénat , devant tout le gouvernement , devant les ministres des puissances étrangères , un de nos plus éloquens orateurs , au milieu du temple consacré aux mânes des braves qui sont morts pour défendre la liberté , rappelle les beaux jours de 1789, lui reprocherez-vous de provoquer le rappel de ce fantôme de roi qu'on appelle *Louis XVIII* ? L'expression que condamne l'arrêté du cit. Faypoult est-elle autre que celle de la peine qu'éprouve l'ami de la république , lorsqu'il voit qu'avec tant de moyens de la faire chérir, on n'a pas encore réussi à faire oublier les *Cobenzel* , ni à leur faire préférer les *Dubosch* ?

Quel peut avoir été le but de ceux qui ont suggéré au préfet une partie des mesures que prescrit son arrêté du 11 themidor ? Celui d'étouffer toutes réclamations.....

Du reste, comme je me suis déterminé par de puissans motifs, et d'après les conseils de plusieurs de mes compatriotes, dont quelques-uns sont même les amis du cit. *Faypoult*, à rendre publics ce mémoire et ces notes, je saisirai cette occasion pour dire publiquement à ce fonctionnaire que, s'il est un moyen de mériter l'estime et la confiance de ceux qu'il est appelé à administrer, c'est de n'écouter qu'avec une extrême défiance ces hommes qui, pour la plupart étrangers à nos usages, à nos habitudes, à nos mœurs, ne nous regardent que comme des ennemis ou comme des esclaves, qu'il est permis de maltraiter et de mépriser.

Par tout où les individus de cet acabit conserveront une influence trop marquée, les hommes de bien, ou n'en auront pas, ou n'en voudront pas avoir ; ils ont, à une époque peu éloignée, fait trop de mal pour que les habitans du département de l'Escaut puissent aisément ne plus s'en souvenir ; ils le feroient, ils le font encore par-tout où ils peuvent ; prompts et actifs exécuteurs d'une mesure qui frappe, ils deviennent lents et rétifs lorsqu'il est question d'exécuter un acte réparateur de quelque injustice. Bientôt le peuple s'est pris de haine pour eux, et ils lui rendent haine

pour haine ; en cela ils sont très - conséquens ;
mais on peut croire que le fonctionnaire qui leur
accorde sa confiance feroit une chose très-utile
d'examiner qui des deux a raison ou tort , du
peuple ou de ces hommes.

Qu'on ne croie pas que ce mémoire ait pour but
quelque vue personnelle ; celui qui parle ici , ne
veut occuper aucune fonction ; s'il a accepté avec
reconnoissance et comme une marque de confiance, une place dans le conseil d'arrondissement
communal d'Audenarde , c'est que la session du
conseil est périodique et de peu de durée ; c'est
pendant cette session , et indépendamment des
notions qu'il avoit acquises , qu'il a pu en acqué-
rir d'autres , et se convaincre par lui-même , avec
le sentiment de la plus vive douleur , combien
l'ancien système d'administration qui a si long-
temps pesé sur le département de l'Escaut , étoit
vicieux ; combien en un mot il restoit de
mal à reparer et de bien à faire ; combien de fautes,
d'erreurs , de crimes même à faire oublier , combien d'espérances à réaliser !

Or pense-t-on que ce même esprit qui a présidé
à la destruction puisse efficacement travailler à réé-
difier ? croit-on qu'elle soit donnée à ceux que
nous signalons , cette épée d'Achille , qui savoit
seule cicatriser et guérir les blessures qu'elle avoit
faites ?

F I N.

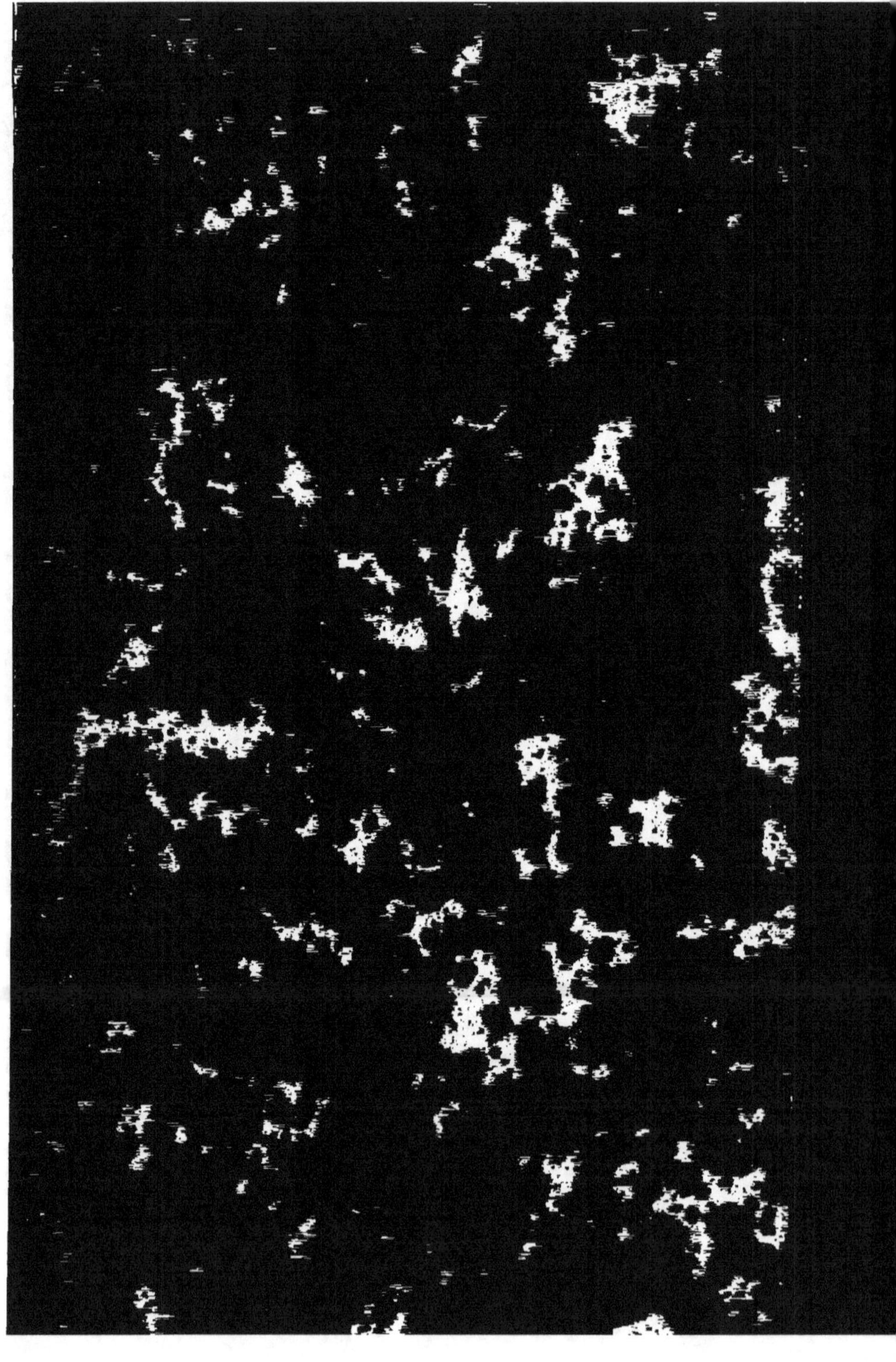